www.kidkiddos.com
Copyright©2013 by S. A. Publishing ©2017 by KidKiddos Books Ltd.
support@kidkiddos.com

All rights reserved. No part of this book may be reproduced in any form or by any electronic or mechanical means, including information storage and retrieval systems, without written permission from the publisher or author, except in the case of a reviewer, who may quote brief passages embodied in critical articles or in a review.

Todos los derechos reservados. Ninguna parte de este libro se puede utilizar o reproducir de cualquier forma sin el permiso escrito y firmado de la autora, excepto en el caso de citas breves incluidas en reseñas o artículos críticos.

Second edition, 2019

Library and Archives Canada Cataloguing in Publication data
I Love to Sleep in My Own Bed (Spanish Edition)/ Shelley Admont
ISBN: 978-1-5259-1322-8 paperback
ISBN: 978-1-926432-281 hardcover
ISBN: 978-1-926432-35-9 ebook

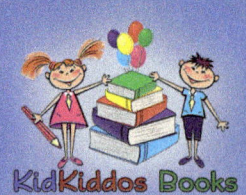

Para aquellos a los que más quiero-S.A.

Jimmy, el pequeño conejito, vivía con su familia en el bosque.

Vivía en una preciosa casa con su madre, su padre y sus dos hermanos mayores.

A Jimmy no le gustaba dormir en su propia cama. Una noche, antes de acostarse, le preguntó a su madre:

-¿Mamá, puedo dormir contigo? No me gusta dormir sólo en mi cama.

-Cariño, – dijo su mamá- cada uno tiene su propia cama y la tuya es perfecta para ti.

-Pero mamá, no me gusta nada mi cama, -respondió Jimmy-. Yo quiero dormir contigo.

-Vamos a hacer esto, -dijo mamá-. Te vas a poner en tu cama y te voy a abrazar, a tapar y os voy a leer un cuento a ti y a tus hermanos.

—Después, te daré un beso y me quedaré junto a ti hasta que te duermas.

-Vale, - aceptó Jimmy, y le dio un beso a su madre.

Mamá abrazó a Jimmy y leyó un cuento a sus tres hijos. Durante el cuento los niños cayeron dormidos.

Mamá les dio un beso de buenas noches a todos y se fue a dormir a su habitación.

A mitad de la noche Jimmy se despertó, se sentó en la cama, miró a su alrededor y vio que su madre no estaba con él.

Entonces, se levantó de la cama, cogió su cojín y su manta, y entró sigilosamente en la habitación de sus padres.

Se puso en su cama, abrazó a su madre y se durmió. Durmieron así toda la noche hasta la mañana siguiente.

La noche siguiente, Jimmy se despertó otra vez, cogió su cojín y su manta e intentó abandonar la habitación como en la noche anterior.

Pero después, su hermano mediano se despertó.

-¿Jimmy, a dónde vas? –preguntó.

-¡Ah! ¡Ah! -Jimmy balbuceó- a ningún sitio. ¡Vuelve a la cama!

Él rápidamente corrió a la habitación de sus padres, se escabulló en su cama y fingió dormir.

Pero su hermano mediano era muy astuto.

"Me pregunto qué está pasando aquí", pensó su hermano, y decidió seguir a Jimmy.

Cuando descubrió que Jimmy estaba durmiendo en la cama de sus padres se enfadó.

"¿Así que eso funciona así, no?", pensó. "Si a Jimmy le permiten hacer eso, yo también lo quiero".

Así que, ¡él también se metió en la cama de sus padres!

Mamá oyó sonidos extraños, abrió los ojos y vio a sus dos hijos en su cama.

Les hizo un hueco en la cama arrimándose a un pequeño rincón.

Otra vez, durmieron así toda la noche hasta la mañana siguiente...

La tercera noche pasó lo mismo. Jimmy se despertó, cogió su cojín y su manta y fue a la habitación de sus padres.

Su hermano le siguió otra vez y se puso en la cama de sus padres con su cojín y su manta.

Pero esta vez el hermano mayor también se despertó.

"Algo no está bien aquí" pensó, y siguió a sus dos hermanos pequeños hacia la habitación de sus padres.

Cuando el hermano mayor vio a sus dos hermanos durmiendo junto a su mamá y su papá se puso muy celoso.

"Yo también quiero dormir en la cama de mamá y papá," pensó, y silenciosamente se puso en su cama.

Durmieron así toda la noche. Los tres hermanos conejitos se encontraban en la cama de sus padres mientras ellos intentaban encontrar un rincón en ella.

Fue muy incómodo para ellos, mamá y papá no durmieron bien en toda la noche. Dando una y otra vez vueltas en la cama intentaban encontrar el mejor modo de dormir.

No fue fácil para los pequeños conejitos tampoco. Ellos también giraban una y otra vez en la cama intentando encontrar una posición cómoda hasta que amaneció.

Después, de golpe... ¡boom! ...¡bang! ...¡la cama se rompió!

-¿Qué pasó? -gritó Jimmy cuando se despertó de golpe.

-¡Ahh! -gritó el hermano mediano quién también se despertó.

-¡Uoo! -gritó el hermano mayor, estirado en el suelo.

—¿Qué vamos a hacer ahora? —dijo la mamá triste.

-Tendremos que construir una cama nueva, -respondió el papá-. Después del desayuno, iremos al bosque y empezaremos a trabajar.

Después de desayunar toda la familia se fue al bosque y empezó a construir una nueva cama.

Después de estar trabajando todo el día habían hecho una cama de madera grande y fuerte. La única cosa que faltaba era decorarla.

-Hemos decidido pintarla de marrón, -dijo mamá-, y vosotros hijos podéis escoger el color que queréis para pintar vuestras camas.

—Yo la quiero azul —dijo el hermano mayor con entusiasmo y corrió a pintar su cama de color azul.

—Y yo escojo el color verde, —respondió el hermano mediano contento.

Jimmy escogió el color rojo y el color amarillo. Mezcló el rojo con el amarillo e hizo su color favorito... ¡el naranja!

Pintó su cama de naranja y la decoró con estrellas rojas y amarillas. Había estrellas grandes, medianas y hasta había estrellas muy, muy pequeñas.

Cuando terminó de pintar su cama corrió hacia su mamá y le gritó orgulloso:
-¡Mamá, mira mi cama qué bonita! Me encanta. Quiero dormir en ella cada noche.

La mamá sonrió y le dio a Jimmy un abrazo muy fuerte.

Desde entonces, Jimmy ha dormido en su cama naranja cada noche y le encanta dormir allí.

¡Buenas noches Jimmy!